GUIDE DES CANDIDATS

AUX EMPLOIS DE

COMMISSAIRE DE POLICE

DE

COMMISSAIRE OU D'INSPECTEUR SPÉCIAL

DE LA POLICE DES CHEMINS DE FER

*Conforme aux Instructions contenues
dans l'Arrêté ministériel du 25 janvier 1894.*

4ᵉ Édition.

I0123278

PARIS || **LIMOGES**

11, Place St-André-des-Arts. || 46, Nouvelle route d'Aixe, 46.

Henri CHARLES-LAVAUZELLE

Éditeur militaire

—

1894

IDE DES CANDIDATS

AUX EMPLOIS DE

COMMISSAIRE DE POLICE

DE

COMMISSAIRE OU D'INSPECTEUR SPÉCIAL

DE LA POLICE DES CHEMINS DE FER

*Conforme aux Instructions contenues
dans l'Arrêté ministériel du 25 janvier 1894*

4e Édition.

PARIS		**LIMOGES**
11, Place St-André-des-Arts.		46, Nouvelle route d'Aixe. 46.

Henri CHARLES-LAVAUZELLE

Éditeur militaire

—

1894

GUIDE DES CANDIDATS

AUX EMPLOIS DE

COMMISSAIRE DE POLICE

DE

COMMISSAIRE OU D'INSPECTEUR SPÉCIAL

DE LA POLICE DES CHEMINS DE FER

*Conforme aux Instructions contenues
dans l'Arrêté ministériel du 25 janvier 1894.*

———

§ I

Conditions générales exigées des candidats.

Nul ne peut être appelé aux fonctions de commissaire de police, de commissaire ou d'inspecteur spécial de la police des chemins de fer :

1º S'il n'a été porté sur la liste d'admissibilité dressée par le Ministre de l'intérieur, à la suite d'un examen, conformément aux dispositions de l'arrêté ministériel du 25 janvier 1894 énoncées ci-après ;

2º S'il est âgé de plus de quarante ans ;

3° S'il n'a atteint sa vingt-cinquième année.

La liste des demandes parvenues au ministère de l'intérieur sera close, chaque année, le 1ᵉʳ décembre.

§ II

Centres d'examen.

Les examens écrits ont lieu, chaque année, à Paris, au ministère de l'intérieur, et au chef-lieu de chaque département, à l'hôtel de la préfecture.

Les examens oraux ont lieu ensuite à des dates qui sont portées en temps utile à la connaissance des candidats déclarés admissibles.

Des commissions pour les examens oraux seront constituées dans les villes ci-après désignées :

A Lille, pour les départements du Nord, du Pas-de-Calais, de la Somme, de l'Aisne et des Ardennes ;

A Nancy, pour les départements de Meurthe-et-Moselle, de la Meuse, des Vosges et de la Marne ;

A Dijon, pour les départements de la Côte-d'Or, du Doubs, de la Haute-Saône, du Jura, du Haut-Rhin, de Saône-et-Loire, de la Nièvre, de l'Yonne, de l'Aube et de la Haute-Marne ;

A Grenoble, pour les départements de l'Isère, de la Drôme, des Hautes-Alpes, de l'Ardèche, de la Loire, du Rhône, de l'Ain, de la Savoie et de la Haute-Savoie ;

A Marseille, pour les départements des Bouches-du-Rhône, du Var, des Alpes-Maritimes, des Basses-Alpes, de Vaucluse, du Gard, de l'Hérault, de la Corse ;

A Toulouse, pour les départements de la Haute-Garonne, de l'Ariège, du Tarn, de Tarn-et-Garonne, des Pyrénées-Orientales, des Hautes-Pyrénées, du Gers, de l'Aveyron, du Lot et de l'Aude ;

A Bordeaux, pour les départements de la Gironde, de la Dordogne, de Lot-et-Garonne, des Landes et des Basses-Pyrénées ;

A Poitiers, pour les départements de la Vienne, des Deux-Sèvres, de la Vendée, de la Charente, de la Charente-Inférieure, d'Indre-et-Loire, de l'Indre, du Cher, de Loir-et-Cher et de la Haute-Vienne ;

A Rennes, pour les départements d'Ille-et-Vilaine, de la Loire-Inférieure, du Morbihan, du Finistère, des Côtes-du-Nord, de Maine-et-Loire et de la Mayenne ;

A Caen, pour les départements du Calvados, de l'Orne, de la Manche, de la

Sarthe, de la Seine-Inférieure et de l'Eure ;

A Paris, pour les départements de la Seine, de Seine-et-Oise, d'Eure-et-Loir, de Seine-et-Marne, du Loiret et de l'Oise ;

A Clermont-Ferrand, pour les départements du Puy-de-Dôme, de l'Allier, du Cantal, de la Haute-Loire, de la Corrèze, de la Creuse et de la Lozère ;

§ III

Pièces à fournir.

Les candidats devront adresser au Ministre de l'intérieur, avant le 1er décembre :

1º Une demande d'emploi, dans laquelle ils indiqueront s'ils connaissent une ou plusieurs langues étrangères ;

2º Une expédition authentique de leur acte de naissance ;

3º Un certificat établissant qu'ils possèdent la qualité de Français ;

4º Un certificat de moralité, délivré par le maire de la résidence et dûment légalisé ;

5º Un extrait du casier judiciaire ;

6º Un certificat de médecin, dûment légalisé, constatant que les candidats sont de bonne constitution et exempts de toute infirmité les rendant impropres à faire un service actif ;

7° L'acte constatant qu'ils ont satisfait à la loi sur le recrutement;

8° Des attestations faisant connaître les antécédents des candidats et les études auxquelles ils se sont livrés;

9° Des états de services, diplômes, certificats, etc., qui auraient pu leur être délivrés, ou des copies de ces pièces, dûment certifiées.

§ IV

Réunion et composition des commissions d'examen.

Chaque préfet arrêtera, pour son département d'après l'avis du Ministre de l'intérieur, la liste des candidats; il avisera, ceux-ci, en temps utile, de la date fixée pour l'examen écrit.

Dans le département de la Seine, le préfet de police sera chargé de dresser la liste des candidats et de leur donner l'avis dont il s'agit.

Les commissions d'examen pour les épreuves orales seront composées, à Paris et dans les centres désignés :

Du préfet du département siège de la commission, président ;

Du directeur de la Sûreté générale ou de son délégué, vice-président, président de droit en l'absence du préfet ;

D'un conseiller de préfecture délégué par le préfet ;

Du procureur de la République ou de son substitut ;

De l'inspecteur d'académie ou d'un inspecteur primaire ;

D'un ou plusieurs professeurs de langues étrangères.

La commission désignera son secrétaire.

§ V

Dispositions relatives à l'examen à subir.

Nul ne peut être admis plus de trois fois aux épreuves de l'examen.

Pour être admis à subir une deuxième ou troisième épreuve, tout candidat devra adresser au Ministre de l'intérieur, avant le 1er décembre, une nouvelle demande, dans laquelle il indiquera la date et le lieu où il aura passé son dernier examen.

Seront dispensés de l'examen les candidats munis du diplôme de licencié en droit.

Les sous-officiers des armées de terre ou de mer qui se trouvent dans les conditions prescrites par la loi du 18 mars 1889 (1),

---

(1) *Loi du 18 mars 1889, relative au rengagement des sous-officiers,* modifiée par les lois du 6 janvier 1892 et du 25 juillet 1893. (4e édition,

pour obtenir des emplois civils, continueront à subir l'examen, suivant le mode déterminé par le décret du 28 octobre 1874, portant règlement d'administration publique.

L'examen est divisé en deux parties : l'épreuve écrite et l'épreuve orale.

L'épreuve orale est publique.

Le candidat ne peut être admis aux épreuves orales que s'il a subi avec succès les épreuves écrites.

1894, annotée. — Brochure in-8º de 92 pages, 0 fr. 75. (Henri Charles-Lavauzelle, éditeur.)

Décret du 4 juillet 1890, portant règlement d'administration publique et relatif aux emplois réservés aux anciens sous-officiers des armées de terre et de mer, et *instruction ministérielle du 11 avril 1891* (3e édition). — Volume in-8º de 128 pages, 1 franc. (Henri Charles-Lavauzelle, éditeur.)

Lois et décisions concernant les sous-officiers, caporaux, brigadiers et soldats rengagés ou commissionnés (2e édition, 1893, annotée). — Volume in-8º de 380 pages, broché, 3 francs. (Henri Charles-Lavauzelle, éditeur.)

Décret du 28 janvier 1892, portant règlement d'administration publique et relatif aux emplois réservés aux anciens militaires gradés comptan au moins cinq ans de services. Tableau des emplois joint au décret. — Brochure in-8º de 76 pages, 0 fr. 50. (Henri Charles-Lavauzelle, éditeur.)

§ VI

Programme de l'examen

L'examen porte sur les matières suivantes :

1° *Epreuve écrite :*

1° Rédaction d'un procès-verbal ou d'un rapport sur une affaire de service.

Le sujet de la composition sera le même pour tous les candidats; il sera choisi par le directeur de la Sûreté générale et envoyé sous pli cacheté à MM. les préfets, pour le jour même de l'examen.

Le préfet déléguera le secrétaire général de la préfecture ou un conseiller de préfecture pour dicter le sujet de la composition et surveiller le travail des candidats. Le pli cacheté, contenant le sujet de la composition, sera ouvert par ce fonctionnaire délégué, en présence des candidats, au moment fixé pour l'épreuve.

Ce fonctionnaire dressera un procès-verbal de l'épreuve et le remettra, avec les compositions, au préfet, qui enverra ces pièces, le jour même de cette épreuve, au ministère de l'intérieur (Direction de la Sûreté générale).

Les candidats qui auront déclaré connaître une ou plusieurs langues étrangères seront tenus de faire, le même jour et dans la même séance, un thème relatif à la langue ou aux langues étrangères indiquées. Une demi-heure sera accordée pour cette épreuve.

Quatre notes sont données pour l'épreuve écrite, savoir :

	Valeur relative.
1o Pour l'écriture (1)..............	1
2o Pour l'orthographe (2)...........	2
3o Pour la rédaction..............	3
4o Pour les langues étrangères......	1

2o *Epreuve orale.*

I. — Arithmétique (3) : Numération dé-

---

(1) *Modèles d'écritures* en tous genres. — Carnet complet très soigné, 1 fr. 50.

(2) *Grammaire et composition française.* — Volume in-18 de 324 pages, 2 francs. (Henri Charles-Lavauzelle, éditeur.)

Nouvelle grammaire française, avec nombreux exercices d'orthographe, de syntaxe et de ponctuation, par Noël et Chapsal. — Volume in-8o de 220 pages, cartonné, 1 fr. 50.

(3) *Arithmétique et système métrique.* — Vo-

cimale. Addition, soustraction, multiplication, division. Preuve de ces opérations. Nombres décimaux. Fractions. Système légal des poids et mesures (valeur relative) 2

---

lume in-18 de 230 pages, 1 fr. 60. (Henri Charles-Lavauzelle, éditeur.)

Cours d'arithmétique à l'usage des candidats aux écoles militaires et aux emplois civils, par Parasol. — Volume in-18 de 82 pages, 1 fr. 50. (Henri Charles-Lavauzelle, éditeur.)

(1) *Histoire militaire.* — Cours préparatoire du ministère de la guerre, avec 12 cartes en couleur. — Volume in-18 de 246 pages, 4 fr. 50. (Henri Charles-Lavauzelle, éditeur.)

Etude sommaire des campagnes d'un siècle, par le capitaine Ch. Romagny, ex-professeur adjoint de tactique et d'histoire à l'Ecole militaire d'infanterie.

Campagne de 1792-1806. — Un vol. (4 cartes).
— 1800. — Un volume (4 cartes).
— 1805. — Un volume (2 cartes).
— 1813. — Un volume (4 cartes).
— 1814. — Un volume (1 carte).
— 1815. — Un volume (1 carte).
— 1859. — Un volume (1 carte).
— 1866. — Un volume (4 cartes).
— 1877-78.—Un volume (3 cartes).

Neuf volumes in-32, brochés, l'un, 0 fr. 50; reliés toile anglaise, 0 fr. 75. (H. Charles-Lavauzelle, éditeur.)

Memento chronologique de l'histoire militaire de la France, par le capitaine Ch. Romagny, ex-professeur adjoint de tactique et d'histoire à l'E-

sommaires d'histoire de France. Géographie physique de la France. Frontières maritimes et continentales. Chaînes de

---

cole militaire d'infanterie. — Volume in-18 de 316 pages, broché, 4 francs. (Henri Charles-Lavauzelle, éditeur.)

Tableaux d'histoire à l'usage des sous-officiers candidats aux écoles militaires de Saint-Maixent, Saumur, Versailles et Vincennes, par Noël Lacolle, lieutenant d'infanterie, officier d'académie. — Volume in-18 de 144 pages, 2 fr. 50. (Henri Charles-Lavauzelle, éditeur.)

Histoire militaire de la France, de 1643 à 1871, par Émile Simond, lieutenant au 28e de ligne. — Deux volumes in-32 reliés toile anglaise, 1 fr. 50. (Henri Charles-Lavauzelle, éditeur.)

Précis historique des campagnes modernes. Ouvrage accompagné de 36 cartes du théâtre des opérations, à l'usage de MM. les candidats aux diverses écoles militaires. — Volume in-18 de 224 pages, broché, 3 fr. 50. (Henri Charles-Lavauzelle, éditeur.)

Géographie, avec 14 cartes. — Volume in-18 de 174 pages, 3 francs. (Henri Charles-Lavauzelle, éditeur.)

Petite géographie de la France à l'usage des écoles et des familles, 1 fr. 25.

Le monde moins la France (Atlas de géographie moderne), par G. Pauly et R. Haussermann, contenant 38 cartes en chromolithographie, 7 couleurs ; le texte est en regard de chacune des cartes. — Volume in-4°, cartonné, 2 fr. 10.

La France et ses colonies (Atlas de géographie

montagnes, bassins, fleuves, rivières et lacs. Departements. Chefs-lieux. Villes principales. Réseaux de chemins de fer (valeur relative) 2

III. — Notions de droit pénal : Du délit en général. Définitions et distinctions des crimes, délits et contraventions. Tentative et commencement d'exécution. Des peines en matière criminelle et correctionnelle et de leurs effets. Notions sur la culpabilité et la non-culpabilité. Eléments constitutifs du délit. Circonstances aggravantes. Excuses. Circonstances atténuantes. Complicité. Connexité. Auteurs. Coauteurs. Complices. Des faux commis dans les passeports, feuilles de route et certificats. De la corruption des fonctionnaires publics. Des abus d'autorité contre les particuliers. Rébellion, outrages et violences contre les dépositaires de l'autorité et de la force publique. Dégradation des monuments. Vagabondage et mendicité.

---

moderne) par G. Pauly et R. Haussermann (nouvelle édition), contenant 67 cartes en chromolithographie. — Volume in-4º, cartonné, 3 fr. 15.

Atlas universel de géographie moderne, par G. Pauly et R. Haussermann, contenant 120 cartes en chromolithographie, 7 couleurs. — Volume in-4º, cartonné, 6 francs.

(1) *Nouveaux Codes français et lois usuelles civiles et militaires.* Recueil spécialement destiné à l'armée (10e mille). — Volume in-32 de 1166 pages, relié toile anglaise, titre or, 5 francs. (Henri Charles-Lavauzelle, éditeur.)

Recueil de la jurisprudence, par E. Corsin, capitaine de gendarmerie, officier d'académie. — Volume in-8º de 400 pages, relié toile anglaise, 6 francs. (Henri Charles-Lavauzelle, éditeur.)

Guide formulaire contenant plus de 40 formules de procès-verbaux appropriés à toutes les circonstances et répondant à tous les besoins, par Etienne Meynieux, docteur en droit, procureur de la République à Limoges (8e mille). — Volume in-8º de 540 pages, relié toile, 6 francs. (Henri Charles-Lavauzelle, éditeur.)

Police judiciaire (1). Officiers de police judiciaire. Moyens d'information. Procès-

---

(1) *Code manuel de justice militaire pour l'armée de terre*, annoté d'après la jurisprudence de la Cour de cassation et des conseils de revision ; suivi d'une tenue d'audience très complète à l'usage des présidents et juges des conseils de guerre ; des codes criminels ; des dispositions concernant les exécutions militaires ; de la loi du 15 juillet 1889 sur le recrutement de l'armée ; d'un formulaire contenant toutes les formules nécessaires aux officiers de police judiciaire et aux présidents. (Nouvelle édition entièrement refondue et mise à jour.) — Volume in-32 de 416 pages, relié toile, 2 fr. 50. (Henri Charles-Lavauzelle, éditeur.)

La police judiciaire militaire en temps de paix et en temps de guerre, par Emile Loyer, lieutenant-colonel de gendarmerie (2e édition, 1893). — Volume in-32 de 340 pages, cartonné, 2 francs. (Henri Charles-Lavauzelle, éditeur.)

Manuel de l'officier de police judiciaire militaire, par Champoudry et P. Daniel, licencié en droit, attaché au ministère de la guerre (3e édition). — Volume in-8o, 6 francs.

Manuel des tribunaux des armées de terre et de mer, par Champoudry (A.), officier d'administration, greffier du 2e conseil de guerre de Lille, suivi des Codes de justice militaire des armées de terre et de mer, complètement annotés ; des lois sur le recrutement et des lois organiques de l'armée ; d'un extrait du Code d'instruction criminelle ; du Code pénal ordinaire ; des lois supplémentaires dont l'application est fréquente devant les tribunaux militaires ; d'un formulaire

---

complet des jugements, procès-verbaux et actes divers (2e édition). — Fort volume in-8o, 10 francs.

Formules des questions à soumettre aux juges des conseils de guerre (Code de justice militaire et Code pénal), par A. Champoudry, officier d'administration de 1re classe de la justice militaire. — Volume in-8o, 7 fr. 50.

§ VII

Valeur des notes attribuées à chaque épreuve.

Afin d'arriver à une appréciation exacte du mérite relatif des candidats, il est attribué à chacune des parties du programme une note exprimée par des chiffres qui varient de 0 à 20 et qui ont respectivement les significations ci-après :

0	Médiocrement.
5	Passablement.
12 13 14	Assez bien.
15 16 17	Bien.
18 19	Très bien.
20	Parfaitement.

Chacune de ces notes est multipliée par les nombres coefficients exprimant la valeur relative de la partie du programme à laquelle elle se rapporte.

La somme de ces produits forme le total des points obtenus pour l'ensemble des épreuves.

Une commission supérieure est instituée au ministère de l'intérieur pour l'examen des épreuves écrites. Les membres de cette commission sont nommés par le Ministre. Ils dressent une liste des candidats à admettre aux épreuves orales, d'après le nombre des points qu'ils auront obtenus et égale au double des vacances prévues dans le courant de l'année.

§ VIII

Dispositions diverses.

Immédiatement après les épreuves orales, le Président de la commission enverra au ministère de l'intérieur (Direction de la Sûreté générale), accompagnés du procès-verbal de cette opération, les tableaux individuels constatant le résultat de ces épreuves, ainsi que toutes les pièces jointes à la demande du candidat et énumérées au paragraphe III.

Une copie du procès-verbal sera déposée aux archives de la préfecture où siégera la commission.

Le Ministre de l'intérieur arrêtera une liste d'admissibilité aux emplois de commissaire de police, de commissaire et d'inspecteur spécial de police sur les chemins de fer. Cette liste sera composée des candidats qui auront obtenu le plus grand nombre de points dans les épreuves écrites et orales. Le nombre des candidats définitivement déclarés admissibles sera égal au nombre des vacances prévues dans le courant de l'année. Les candidats, admis ou non, seront avisés immédiatement de la décision prise à leur égard.

———

Paris et Limoges. — Impr. milit. Henri Charles-Lavauzelle.